T. Marin

Primo ASCOLTO

Materiale per lo sviluppo dell'abilità di ascolto
e la preparazione alla prova di comprensione orale

Livello elementare
A1-A2 QUADRO EUROPEO
DI RIFERIMENTO

EDILINGUA

www.edilingua.it

Telis Marin dopo una laurea in Lettere moderne e il Master ITALS in Didattica e promozione della lingua e della cultura italiana a stranieri presso l'Università Ca' Foscari di Venezia, ha maturato la sua esperienza didattica insegnando presso varie scuole d'italiano. È direttore di Edilingua e autore di diversi testi per l'insegnamento della lingua italiana: *Nuovissimo Progetto italiano 1, 2, 3* (Libro dello studente), *Via del Corso A1, A2, B1, B2* (Libro dello studente), *Progetto italiano Junior 1, 2, 3* (Libro di classe), *La nuova Prova orale 1, Primo Ascolto, Ascolto Medio, Ascolto Avanzato, Nuovo Vocabolario Visuale, Via del Corso Video*. Inoltre, è coautore di *Nuovo e Nuovissimo Progetto italiano Video, Progetto italiano Junior Video* e *La nuova Prova orale 2*. Negli ultimi anni si è occupato di tecnologie per la didattica delle lingue: frutto dell'approfondimento e della ricerca su queste tematiche è la piattaforma *i-d-e-e.it*. Ha tenuto numerosi workshop sulla didattica in tutto il mondo.

Vorrei ringraziare i numerosi colleghi in tutto il mondo che hanno usato il libro nei loro corsi e hanno condiviso con me e con i redattori di Edilingua i loro preziosi commenti. Questa nuova edizione aggiornata, diversi anni dopo la prima e fortunatissima edizione, è dedicata anche a loro e ai loro studenti!

A mia figlia
T. Marin

© **Copyright edizioni Edilingua**
Sede legale
Via Giuseppe Lazzati, 185 00166 Roma
Tel. +39 06 96727307
Fax +39 06 94443138
info@edilingua.it
www.edilingua.it

Deposito e Centro di distribuzione
Via Moroianni, 65 12133 Atene
Tel. +30 210 5733900
Fax +30 210 5758903

II edizione: settembre 2014
ISBN: 978-88-98433-26-1
Redazione: Antonio Bidetti, Gennaro Falcone
Impaginazione e progetto grafico: Edilingua

Edilingua sostiene
act:onaid

Grazie all'adozione dei nostri libri, Edilingua adotta a distanza dei bambini che vivono in Asia, in Africa e in Sud America. Perché insieme possiamo fare molto! Ulteriori informazioni sul nostro sito.

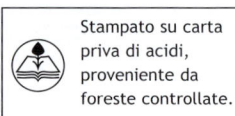

Stampato su carta priva di acidi, proveniente da foreste controllate.

L'autore apprezzerebbe, da parte dei colleghi, eventuali suggerimenti, segnalazioni e commenti sull'opera (da inviare a redazione@edilingua.it)

INDICE

PRIMA PARTE

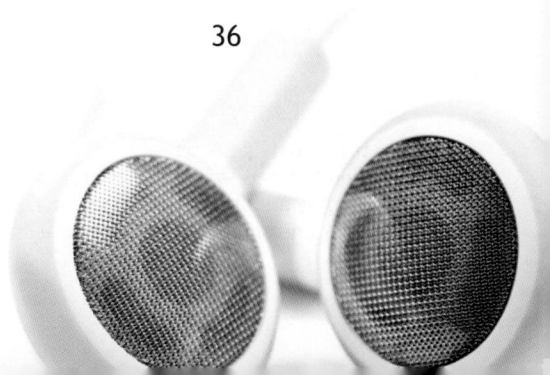

SECONDA PARTE

PREMESSA

La comprensione orale è un'abilità linguistica relativamente trascurata, di solito meno esercitata rispetto alle altre. Il motivo, oltre al fatto che molti manuali non dedicano sufficiente spazio all'ascolto, è la solita mancanza di tempo. Si tratta, però, di una scelta, cosciente o meno, di noi insegnanti, che molto spesso privilegiamo l'insegnamento della grammatica e trascuriamo gli aspetti più comunicativi della lingua, come sono appunto la comprensione e la produzione orale.

D'altra parte, negli ultimi tempi l'importanza della comprensione orale è stata rivalutata: non è considerata solo la base della comunicazione, ma è anche importantissima tra le prove degli esami di lingua di tutti i livelli. Quindi, scopo di *Primo Ascolto*, oltre a sviluppare l'abilità di ascolto dei vostri allievi, è prepararli in modo efficace alle prove di ascolto di questi esami (Celi Impatto e Celi 1, Cils A1 e Cils A2, Plida A1 e Plida A2, e altri simili). Ma preparazione non significa solo eseguire una serie di test, avendo il punteggio come unico obiettivo. E ciò è ancora più importante quando si ha a che fare con studenti principianti, ai primi passi con la lingua. Crediamo che con questo libro riuscirete senz'altro a preparare con successo i vostri allievi e, nello stesso tempo, darete loro la possibilità di venire a contatto con la lingua italiana viva, attraverso una grande varietà di argomenti e situazioni adatte a questo livello linguistico, nonché di atti comunicativi e lessico altrettanto utili.

LIVELLO E SCELTE DIDATTICHE

Primo Ascolto - edizione aggiornata copre il livello elementare, come stabilito dal Quadro Comune Europeo per le Lingue. In particolare, la Prima Parte copre il livello A1 e la Seconda Parte il livello A2. Anche se l'ordine dei testi è indicativo e non certo obbligatorio, sarebbe consigliabile prenderlo in considerazione, poiché i testi seguono una difficoltà progressiva, cosa importante a questo livello.

LA PRIMA PARTE

Si rivolge a studenti che partono letteralmente da zero, ma anche a falsi principianti che hanno bisogno di rivedere elementi lessicali e comunicativi fondamentali per questo livello. I primi venti testi coprono argomenti adatti a chi è ai primi passi con la lingua: *noi, amici e parenti, casa, cucina, musica, cinema, tv, il tempo, trasporti, professioni, notizie e curiosità, pubblicità, abbigliamento* ecc. Inoltre, vengono presentati utili atti comunicativi: *esprimere accordo/disaccordo, gioia/rammarico, accettare/rifiutare un invito, rispondere con certezza e non, ordinare* ecc. In questo modo, lo studente ha la possibilità di trovarsi a contatto con la lingua viva e la realtà italiana, imparando lessico nuovo.

Ogni testo è corredato da due esercitazioni, la prima delle quali potrebbe essere definita un'attività preparatoria, in quanto ha lo scopo di "riscaldare" lo studente. Si è cercato di evitare la ripetizione, presentando esercitazioni varie: individuazione di parole ed espressioni relative o estranee, abbinamento di dialoghi a foto ecc. Queste attività, oltre ad incoraggiare lo studente, offrono un interessante e spesso piacevole stimolo per un primo ascolto. Dalla fase di preparazione si può poi passare direttamente alla seconda parte delle attività, che consistono in una simulazione delle prove di esame.

Le tipologie dei secondi esercizi sono infatti quelle presenti nella prova d'esame delle Certificazioni più diffuse: abbinamento, scelta multipla (a due scelte) individuazione di informazioni presenti o meno ecc. Si è cercato di non presentare esercizi della stessa tipologia in testi consecutivi al fine di evitare la ripetizione e tener sempre vivo l'interesse degli studenti.

I testi sono brevi dialoghi o monologhi, notizie, messaggi pubblicitari ecc. Anche se siamo praticamente all'inizio del processo didattico, si tratta di testi completi, vivi, naturali, interessanti e, spesso, divertenti. Non è stata una scelta facile, ma è molto importante riuscire a rendere l'apprendimento piacevole ed efficace. Come altrettanto importante è che uno studente, dopo uno o due mesi di studio, riesca a capire un dialogo spiritoso o una battuta.

Infine, noterete che si propone sempre un ultimo ascolto per la verifica delle risposte date, anche se il punteggio analitico (*Risposte giuste*) viene introdotto solo dopo il quinto testo. Questo per incoraggiare quanto possibile gli studenti, che sono ancora al loro primo impatto con la lingua, liberandoli almeno temporaneamente dalla "caccia al voto". Ciò non significa che le prime prove siano troppo facili o che non motivino gli studenti; l'idea generale è quella di procedere con cautela, "andare piano" all'inizio.

LA SECONDA PARTE

Anche se tra la prima e la seconda parte esistono differenze precise, il passaggio dovrebbe avvenire senza problemi, poiché i testi seguono una difficoltà graduale senza salti improvvisi. Ovviamente cambia la tipologia, adattandosi a quella degli esami di lingua più diffusi per il livello A2: scelta multipla (a tre scelte) e individuazione di frasi o affermazioni presenti o meno. La tematica, a sua volta, è adatta a questo livello, ma anche a quella più spesso presentata ai suddetti esami: messaggi telefonici, notizie, istruzioni, messaggi pubblicitari ecc.

I TESTI AUTENTICI

La seconda parte è a sua volta suddivisa in due parti: i testi recitati in studio e quelli autentici, tratti dalla radio e dalla televisione italiana. E questa è una delle novità di *Primo Ascolto*: l'uso di materiale autentico dopo appena 50-60 ore di studio. I brani scelti (tra una grande quantità di materiale registrato) sono interessanti e facili e comprendono sia monologhi che dialoghi. Anche qui il passaggio non dovrebbe creare problemi, soprattutto se l'insegnante tranquillizza gli studenti, spiegando loro che lo scopo non è "capire tutto" (come viene più volte ripetuto nel libro). Ascoltando un brano lo studente dovrebbe capire ogni volta di più, per arrivare alla fine (dopo 3-4 ascolti) ad una comprensione globale, tale da permettergli di rispondere alle (piuttosto semplici) esercitazioni proposte. Ogni esercizio costituisce anche uno spunto per ascoltare e non va visto rigorosamente come un test. Scopo quindi dell'insegnante non è solo di controllare, ma anche di stimolare e incoraggiare, cosa importantissima soprattutto quando lo studente troverà una registrazione difficile dopo un primo ascolto. Gli studenti che usano *Primo Ascolto* hanno inoltre la possibilità di ascoltare i testi anche a casa, grazie al Cd audio allegato al volume.

Sull'importanza del materiale audio autentico, ci sarebbe molto da dire: è il vero contatto con la lingua viva, che di solito gli studenti d'italiano non riescono ad avere. Ed è molto importante presentare brani autentici il più presto possibile, già dal primo anno di studio. Anche se è possibile che dopo un primo ascolto, alcuni studenti rimarranno un po' perplessi, è quasi sicuro che presto, gli stessi studenti saranno molto contenti di poter "capire gli italiani", o almeno buona parte di un dialogo autentico.

EDIZIONE AGGIORNATA

In questa *edizione aggiornata* di *Primo Ascolto* si sono rivisti i testi di ascolto, il Cd audio è stato registrato nuovamente da attori professionisti che hanno tenuto conto del livello degli studenti a cui è indirizzato senza con questo compromettere la spontaneità e la naturalezza dei dialoghi e dei testi di ascolto in genere. Inoltre, alcune attività sono state migliorate e il volume, interamente a colori, si presenta più moderno e accattivante.

Il Cd audio è allegato al libro, mentre la trascrizione dei testi di ascolto può essere scaricata gratuitamente dal sito www.edilingua.it. Il volume è stato disegnato in modo da poter essere inserito in curricoli diversi e in qualsiasi momento del curricolo stesso. Grazie alle chiavi in Appendice può essere utilizzato anche in autoapprendimento.

Primo Ascolto - edizione aggiornata può corredare qualsiasi libro di testo e, naturalmente, anche *Nuovo Progetto italiano 1*, in quanto tratta molti degli argomenti racchiusi in esso, seguendo più o meno lo stesso ordine. In questo modo permette la verifica di elementi (lessicali, comunicativi ecc.) già incontrati, oppure l'introduzione di quelli che si andrà a studiare in modo più sistematico.

Buon lavoro!
l'autore

Primo ASCOLTO

PRIMA PARTE

TESTI 1-20

Livello A1

Chi sei?

1 Ascoltate i testi una prima volta e indicate (✓) solo le quattro parole presenti tra queste date in basso. Attenzione: non è importante capire ogni parola!

☐ scuola	☐ Gianni	☐ zio
☐ inglese	☐ ragazzo	☐ professoressa

2 Ascoltate i testi, una o due volte, e indicate (✓) se le seguenti frasi sono presenti o no. Attenzione: non è importante capire tutte le parole!

	Sì	No
A. Mi chiamo Nadia e sono italiana.	○	○
B. L'Italia mi piace molto.	○	○
C. Sono Roberto, ho 19 anni.	○	○
D. Sono Toscano, di Roma.	○	○
E. Il mio amico si chiama Pietro.	○	○
F. Siamo di Milano.	○	○
G. Mi chiamo Lucy e sono di Liverpool.	○	○
H. Ho 22 anni e sono studentessa di architettura.	○	○
I. Sono in Italia in vacanza.	○	○
L. Ha 19 anni ed è americano.	○	○

3 Se volete, riascoltate i testi e verificate le vostre risposte.

Amici e parenti

1 Ascoltate una volta la descrizione di alcune persone e sottolineate l'espressione corretta. Attenzione: non è importante capire tutte le parole!

> 1. *capelli bruni* e lunghi/corti
> 2. *barba* piccola/lunga   3. *occhi* verdi/azzurri
> 4. *capelli* lisci/ricci   5. è magra/grassa

2 Ascoltate i testi, una o due volte, e abbinate ogni descrizione alla foto giusta: scrivete nel quadratino il numero del testo corrispondente. Non è importante capire ogni parola. Attenzione: ci sono tre foto in più!

a.

b.

c.

d.

e. ☐

f. ☐

g. ☐

h. ☐

3 *Se volete, riascoltate i testi e verificate le vostre risposte.*

3 Accettare/Rifiutare un invito

1 Ascoltate una volta e collegate ogni foto al dialogo giusto. Non è importante capire ogni parola. Attenzione: ci sono quattro dialoghi in più!

a. ☐

b. ☐

c. ☐

d. ☐

e. ☐

f. ☐

2 Ascoltate i dialoghi una o due volte e indicate (✓), come nell'esempio, se chi risponde accetta o rifiuta l'invito.

	accetta	rifiuta
1.	✓	
2.		
3.		
4.		
5.		
6.		
7.		
8.		
9.		
10.		

3 Se volete, riascoltate i testi e verificate le vostre risposte.

Case e appartamenti

1 *Ascoltate una volta i testi e indicate quante volte sentite le seguenti parole (esattamente queste, non anche il plurale). Attenzione: non è importante capire tutto!*

grande: ☐   piano: ☐   garage: ☐   moderno:

2 *Ascoltate i testi una o due volte e indicate (✓) a quale foto corrisponde ognuno. Attenzione: non è importante capire ogni parola!*

1.

 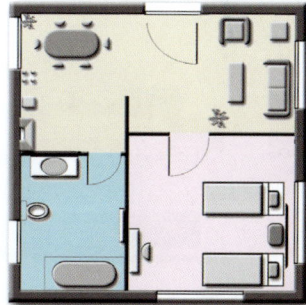

a. ☐   b. ☐

2.

a. ☐   b. ☐

3.

a. ☐

b. ☐

4.

a. ☐

b. ☐

5.

a. ☐

b. ☐

3 *Riascoltate, se necessario, i testi e verificate le vostre risposte.*

Primo Ascolto

Rispondere con certezza e non

1 *Ascoltate una prima volta i testi e indicate (✓) quali sono le frasi e le espressioni veramente presenti. Attenzione: non è importante capire ogni parola!*

☐ alle nove e trenta	☐ come no?!	☐ che ora è?	☐ dal dentista
☐ può darsi	☐ in vacanza	☐ in macchina	☐ ho un dubbio

2 *Ascoltate i dialoghi, una o due volte, e indicate (✓) nella tabella se le persone che parlano rispondono con certezza o hanno qualche dubbio. Attenzione: non è importante capire ogni parola!*

	risponde con certezza	ha qualche dubbio
1.		
2.		
3.		
4.		
5.		
6.		
7.		
8.		
9.		
10.		

3 *Se volete, riascoltate i testi e verificate le vostre risposte.*

Brevi sorrisi

1 *Ascoltate una volta i testi e indicate la parola che sentite. Attenzione: non è importante capire ogni parola!*

1. soldi/saldi 2. pittore/pittura 3. regali/reali 4. paziente/pazienza
5. piatto/patto 6. strumento/indumento 7. motorino/motore

2 *Ascoltate una volta i testi e osservate le vignette. Ascoltate di nuovo e collegate ogni testo alla vignetta corrispondente. Attenzione: ci sono tre immagini in più!*

a. ☐

b. ☐

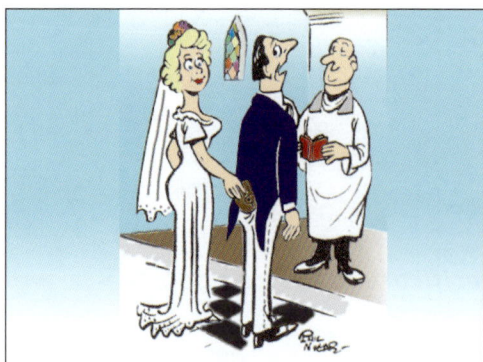

c. ☐

d. ☐

e. ☐

f. ☐

g. ☐

h. ☐

i. ☐

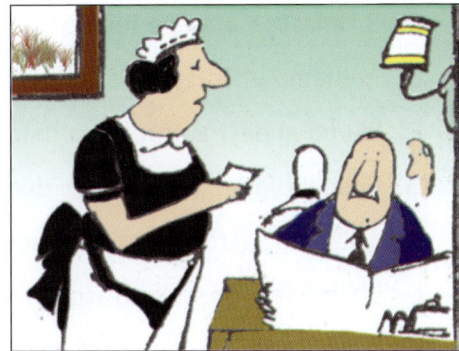

l. ☐

3 *Se volete, riascoltate i testi e verificate le vostre risposte.*

Risposte giuste: ..../7

Cos'hai fatto?

1 *Ascoltate una prima volta i testi e indicate (✔) solo le foto che corrispondono alle descrizioni. Attenzione: non è importante capire ogni parola!*

2 *Ascoltate i testi, una o due volte, e indicate (✔) se le seguenti frasi sono presenti o no. Non è importante capire ogni parola!*

	Sì	No
A. Non è stato tanto divertente.		
B. Abbiamo ballato per ore.		
C. Ho preferito stare a casa.		
D. È rimasto un mese intero.		
E. Abbiamo visitato un'altra città.		
F. Siamo andati a giocare a calcetto.		
G. Così abbiamo giocato per due ore.		
H. Abbiamo fatto il giro dell'isola.		
I. L'altro ieri ho incontrato Mara per strada.		
L. Sono ancora innamorato di lei.		

3 *Riascoltate, se necessario, i testi e verificate le vostre risposte.*

Risposte giuste: ..../10

Messaggi pubblicitari (1)

1 *Ascoltate una volta e mettete in ordine le foto nella stessa sequenza dei testi (1, 2, ...). Attenzione: non è importante capire ogni parola!*

2 *Ascoltate i messaggi, una o due volte, e indicate (✓) l'affermazione giusta fra le due proposte. Attenzione: non è importante capire tutte le parole!*

1. *Italmobil* produce mobili
   - ☐ **a.** per casa.
   - ☐ **b.** per ufficio.

2. *Piatto volante* è il nome di una catena di
   - ☐ **a.** Internet caffè.
   - ☐ **b.** paninoteche – bar.

3. È la pubblicità di
   - ☐ **a.** un concerto.
   - ☐ **b.** un cd.

4. *Pastissima* è
   - ☐ **a.** un ristorante.
   - ☐ **b.** un libro di cucina.

3 *Riascoltate, se necessario, i testi e verificate le vostre risposte.*

Risposte giuste: ...... /4

Quiz

1 *Ascoltate il testo una volta e indicate (✓) quali dei numeri che seguono sono veramente presenti. Attenzione: non è importante capire tutte le parole.*

◼ 1.000	◼ 2.200	◼ 7°	◼ 15.000
◼ 2.000	◼ 1964	◼ 20.000	◼ 100.000

2 *Ascoltate il testo una o due volte e abbinate il numero della domanda alla foto corrispondente. Non è importante capire ogni parola. Attenzione: ci sono quattro immagini in più!*

a.

b.

c.

d.

e. ☐

f. ☐

g. ☐

h. ☐

i. ☐

l. ☐

3 *Se volete, riascoltate il testo e verificate le vostre risposte.*

Risposte giuste: ...... /6

10 Hai capito o no?

1 *Ascoltate una volta i dialoghi e completate le domande con i verbi giusti. Attenzione: non è importante capire ogni parola!*

.... bene?   .... capito?   Come .... detto?

.... chiaro?   .... vero o no?

Dove ....?   .... capito... no?

2 *Ascoltate ancora una o due volte i dialoghi e indicate (✓) nella tabella se chi risponde ha capito o no. Attenzione: non è importante capire ogni parola!*

	ha capito	non ha capito
1.		
2.		
3.		
4.		
5.		
6.		
7.		
8.		
9.		
10.		

3 *Se volete, riascoltate i testi e verificate le vostre risposte.*

Risposte giuste: ...... /10

Primo Ascolto

Il tempo

1 *Ascoltate una prima volta il testo e indicate (✓) a quale foto corrispondono le previsioni del tempo. Attenzione: non è importante se non capite tutto!*

a. ☐

b. ☐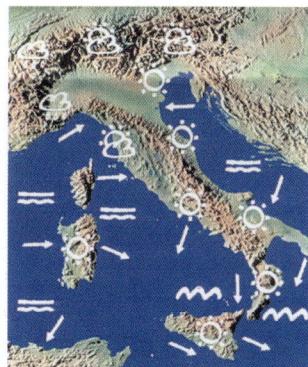

2 *Ascoltate il testo, una o due volte, e indicate (✓) se le seguenti frasi sono presenti o no. Attenzione: non è importante capire ogni parola!*

	Sì	No
A. Al Nord il tempo sarà nuvoloso.	●	●
B. Con possibilità di piogge, soprattutto la mattina.	●	●
C. È particolare la Toscana.	●	●
D. Al Centro i venti saranno moderati.	●	
E. Al Sud della penisola e in Sicilia.	●	●
F. Temperatura in aumento.	●	●
G. Venti deboli.	●	●
H. In Sardegna tutto è sereno.	●	●
I. Poco mosso l'Adriatico.	●	●
L. Napoli 11-15.	●	●

3 *Riascoltate il testo, se necessario, e verificate le vostre risposte.*

Risposte giuste: ...... /10

Notizie varie

1 *Ascoltate una volta e collegate le parole della stessa notizia. Attenzione: non è importante capire ogni parola!*

1. sciopero	a. artisti
2. città	b. quiz
3. Sanremo	c. posta elettronica
4. libri	d. traffico
5. esami	e. bambini

2 *Ascoltate una volta le notizie e leggete la prova. Ascoltate di nuovo e indicate (✓) l'affermazione giusta fra le due proposte. Attenzione: non è importante capire ogni parola!*

1. **Questo sciopero durerà**
   - **a.** due mesi.
   - **b.** due giorni.

2. **In alcune città italiane non sarà possibile circolare**
   - **a.** in macchina.
   - **b.** né in macchina né in bicicletta.

3. **Al festival di Sanremo partecipano**
   - **a.** cantanti più e meno noti.
   - **b.** solo grandi nomi della musica italiana.

Gigi D'Alessio

4. **Si tratta di un salone dedicato a**
   - **a.** videogames e giocattoli.
   - **b.** libri e prodotti multimediali.

5. **Gli esami di maturità prevedono**
   - **a.** quattro prove orali.
   - **b.** quattro prove in tutto.

3 *Riascoltate i testi e verificate le vostre risposte.*

Risposte giuste: ...... /5

Primo Ascolto

In treno

1 *Ascoltate una prima volta i testi e indicate (✓) solo le parole che sentite. Attenzione: non importa se non capite tutto!*

☐ Eurostar	☐ Espresso	☐ vagone	☐ tariffa
☐ controllore	☐ sconto	☐ binario	☐ ritardi

2 *Ascoltate di nuovo i testi, una o due volte, e indicate (✓) se le seguenti frasi sono presenti o no. Attenzione: non è importante capire ogni parola!*

	Sì	No
A. Ma sai quanto costa un biglietto con l'Eurostar?	◯	◯
B. Così ho preferito prendere l'aereo!	◯	◯
C. Ha detto che viene oggi in treno.	◯	◯
D. Prenderà un Diretto per arrivare alle sei.	◯	◯
E. Il controllore non è passato dalla prima classe.	◯	◯
F. Per fortuna non ho pagato la multa.	◯	◯
G. I treni arrivano sempre al binario sbagliato.	◯	◯
H. Il Diretto per Roma è in arrivo al binario 20.	◯	◯
I. A me non piace viaggiare in treno.	◯	◯
L. Ora che ci penso, preferisco viaggiare in auto.	◯	◯

3 *Riascoltate, se necessario, i testi e verificate le vostre risposte.*

Risposte giuste: ...... /10

Al ristorante

1 *Ascoltate i testi una prima volta e completate i seguenti piatti della cucina italiana. Attenzione: non è importante capire tutte le parole!*

.... ai ferri	.... al ragù
.... ai peperoni	.... all'arrabbiata
.... alle vongole	.... cotta

2 *Ascoltate i testi, una o due volte, e abbinate ogni testo al piatto scelto. Attenzione: non è importante capire ogni parola!*

a. ☐

b. ☐

c. ☐

d. ☐

e.

f.

g.

h.

i.

l.

3 *Se volete, riascoltate i testi e verificate le vostre risposte.*

Risposte giuste: ....../10

Messaggi pubblicitari (2)

1 *Ascoltate e mettete in ordine le foto nella stessa sequenza dei testi (1, 2, ...). Attenzione: non è importante capire ogni parola!*

2 *Ascoltate i messaggi una o due volte e indicate (✓) l'affermazione giusta fra le due proposte.* Non è importante capire ogni parola.

1. *Forte+* è per
   - **a.** tutti.
   - **b.** gli anziani.

2. *Velox* è
   - **a.** una macchina.
   - **b.** una moto.

3. *Find.it* è
   - **a.** un negozio on line.
   - **b.** un portale su Internet.

4. *Maxicorn* è diverso per
   - **a.** le sue dimensioni.
   - **b.** il suo sapore.

5. *CercoCasa* è
   - **a.** una rivista.
   - **b.** un'agenzia immobiliare.

3 *Riascoltate i testi e verificate le vostre risposte.*

Risposte giuste: ...... /5

Professioni

1 *Ascoltate i testi e scrivete, come nell'esempio, sotto l'immagine corrispondente il nome delle persone che descrivono la loro professione. Attenzione: non è importante capire ogni parola!*

a.

Anna
....

b.

....

c.

....

d.

....

e.

....

f.

....

2 *Ascoltate i testi, una o due volte, e indicate (✔) se le seguenti frasi sono presenti o no. Attenzione: non importa, se non capite tutto.*

		Sì	No
A.	Lavoro nel mondo dello spettacolo.	●	●
B.	Tutto sommato sono soddisfatta.	●	●
C.	Lavoro presso una ditta che produce mobili.	●	●
D.	Penso proprio di cercare un altro lavoro.	●	●
E.	Tant'è vero che spesso lavoro fino a tarda notte.	●	●
F.	Lo stipendio non è tanto alto.	●	●
G.	Sono commessa in un negozio di abbigliamento.	●	●
H.	Ma non sono più in cerca di lavoro.	●	●
I.	L'orario è veramente pesante.	●	●
L.	Mi stanco e mi annoio.	●	●

3 *Riascoltate, se necessario, i testi e verificate le vostre risposte.*

Risposte giuste: ...... /10

D'accordo?

1 *Ascoltate una prima volta i testi e cercate di capire, come negli esempi, di che cosa (o di chi) si parla in ogni dialogo. Attenzione: non è importante capire ogni parola!*

1. di un vestito
2. di un ....
3. di una ....
4. di una ....
5. di un ....

6. di un ....
7. di un ....
8. di un ....
9. di una ....
10. di un film

2 *Ascoltate i testi, una o due volte, e indicate (✓) nella tabella se chi risponde è d'accordo o no. Attenzione: non è importante capire tutte le parole!*

	è d'accordo	non è d'accordo
1.		
2.		
3.		
4.		
5.		
6.		
7.		
8.		
9.		
10.		

3 *Se volete, riascoltate i testi e verificate le vostre risposte.*

Risposte giuste: ..../10

Strano, ma vero

1 *Ascoltate una volta le notizie e mettete in ordine le foto: ad ogni notizia corrisponde una foto. Attenzione: non è importante capire ogni parola!*

2 *Ascoltate le notizie, una o due volte, e indicate (✓) l'affermazione giusta fra le due proposte. Non è importante se non capite tutte le parole.*

1. **Vent'anni fa il sig. Rinaldo**
   - **a.** aveva rubato uno scooter.
   - **b.** aveva perso uno scooter.

2. **La moglie ha chiesto il divorzio perché il marito**
   - **a.** era troppo affettuoso con la gattina.
   - **b.** non era affatto affettuoso con la gattina.

3. **Il sig. Menozzi**
   - **a.** continuerà a partecipare a concorsi a premi.
   - **b.** ha promesso che smetterà di partecipare a concorsi a premi.

4. **La notizia parla del furto di**
   - **a.** macchine molto costose.
   - **b.** macchine di piccole dimensioni.

5. **A rubare di più nei supermercati italiani sono**
   - **a.** donne benestanti.
   - **b.** manager dai trenta ai quarant'anni.

3 *Riascoltate i testi e verificate le vostre risposte.*

Risposte giuste: ...... /5

Fare la spesa

1 *Ascoltate i testi una prima volta e indicate (✓) quali delle parole che seguono sono veramente presenti. Attenzione: non è importante capire ogni parola!*

☐ mercato   ☐ macelleria   ☐ surgelati   ☐ marche

☐ fruttivendolo   ☐ etto   ☐ reparto   ☐ detersivo

2 *Ascoltate i testi, una o due volte, e scrivete il numero corrispondente alla foto. Attenzione: ci sono quattro immagini in più!*

a. ☐

b. ☐

c. ☐

d. ☐

e. ☐

f. ☐

g. ☐

h. ☐

i. ☐

l. ☐

3 *Se volete, riascoltate i testi e verificate le vostre risposte.*

Risposte giuste: ....../10

Contenti e non

1 *Ascoltate i testi, una o due volte, e indicate (✓) nella tabella se chi risponde è contento o no. Attenzione: non è importante capire ogni parola!*

	è contento	non è contento
1.		
2.		
3.		
4.		
5.		
6.		
7.		
8.		
9.		
10.		

2 *Ascoltate di nuovo i testi e cercate di completare le frasi con una o due parole.*

1. Lunedì iniziano gli esami ....

2. Ho comprato questa cravatta ....

3. Domenico e Laura ....

4. Sai, ho deciso di ....

5. Quindi, quest'anno ....

6. Io, invece, non ne ho superato ....

3 *Riascoltate i testi e verificate le vostre risposte al primo esercizio.*

Risposte giuste: ..../10

Primo
ASCOLTO

SECONDA PARTE

TESTI 21-40

Livello A2

Annunci

1 *Ascoltate i testi una volta e, per ogni annuncio, scoprite la parola nascosta. Attenzione: ci sono delle lettere in più che bisogna cancellare!*

1. rag-a-giun-gi-va-bi-le

   ....

2. bi-bra-na-vo-rio

   ....

3. al-lac-le-cia-ga-re

   ....

4. neb-va-do-bia

   ....

5. re-co-par-me-to

   ....

2 *Ascoltate gli annunci, una o due volte, e indicate (✓) l'affermazione giusta fra le tre proposte. Attenzione: non è importante capire ogni parola!*

1. **La persona che telefona è pregata di**
   - **a.** controllare il numero.
   - **b.** richiamare in un altro momento.
   - **c.** lasciare un messaggio.

2. **L'annuncio informa che**
   - **a.** i due treni arriveranno come previsto.
   - **b.** i due treni arriveranno in ritardo.
   - **c.** uno dei treni arriverà in ritardo.

3. **È possibile sentire questo annuncio**
   - **a.** all'inizio del viaggio.
   - **b.** alla fine del viaggio.
   - **c.** nella sala di attesa di un aeroporto.

4. **I problemi di traffico sono dovuti**
   - **a.** al fatto che molta gente va al mare.
   - **b.** al cattivo tempo.
   - **c.** ad un incidente stradale.

5. **Il negozio**
   - **a.** offre ai propri clienti un regalo.
   - **b.** informa i clienti sull'ora di apertura.
   - **c.** informa i clienti sull'ora di chiusura.

3 *Riascoltate i testi e verificate le vostre risposte.*

Risposte giuste: ..../5

Abbigliamento

1 *Ascoltate una prima volta i testi e indicate (✓) quali di questi articoli di abbigliamento sono veramente presenti nei dialoghi. Non è importante se non capite alcune parole.*

a. ☐  b. ☐  c. ☐  d. ☐

e. ☐  f. ☐  g. ☐  h. ☐

2 *Ascoltate i testi, una o due volte, e indicate (✓) se le seguenti afferma-zioni sono presenti o no. Attenzione: non è importante capire ogni parola!*

	Sì	No
A. Alla prima ragazza piace una gonna bianca.	○	○
B. Alla sua amica non piace affatto.	○	○
C. La commessa non può fare uno sconto maggiore.	○	○
D. La signora compra tutte e due le paia.	○	○
E. Il ragazzo non ha comprato la camicia blu.	○	○
F. Alla fine però l'ha comprata sua madre.	○	○
G. La ragazza ha comprato un vestito di Dolce e Gabbana.	○	○
H. Prima o poi sarà possibile trovare prezzi migliori.	○	○
I. La ragazza pensa di comprare un nuovo vestito.	○	○
L. Al ragazzo sembra un po' troppo corto.	○	○

3 *Riascoltate, se necessario, i testi e verificate le vostre risposte.*

Risposte giuste: ...... /10

Messaggi telefonici (1)

1 *Ascoltate una prima volta i testi e cercate di completare le frasi con una o due parole.*

1. Scusami, ma .... non è mia.
2. Se il cellulare lo tieni sempre spento, ... l'hai preso?
3. Chiamo per l'annuncio che .... su *Corriere lavoro*.
4. Sono Vittorio, ... *Auto In*.

2 *Ascoltate i messaggi, una o due volte, e indicate (✓) l'affermazione giusta fra le tre proposte. Attenzione: non è importante capire ogni parola!*

1. **Marta chiama Pippo per**
   - ☐ **a.** invitarlo ad una festa.
   - ☐ **b.** cancellare il loro appuntamento.
   - ☐ **c.** fissare un appuntamento.

2. **Angelo dice al suo amico che**
   - ☐ **a.** lo aspetta sabato.
   - ☐ **b.** ha perso il suo cellulare.
   - ☐ **c.** c'è una bella ragazza che lo vuole conoscere.

3. **Luca non ha**
   - ☐ **a.** un fax.
   - ☐ **b.** un collegamento Internet.
   - ☐ **c.** un curriculum vitae.

4. **Il signor Galbani dovrà**
   - ☐ **a.** aspettare ancora alcuni giorni.
   - ☐ **b.** pagare più del previsto.
   - ☐ **c.** trovare un'altra carrozzeria.

3 *Riascoltate, se necessario, i testi e verificate le vostre risposte.*

Risposte giuste: ..../4

Programmi televisivi

1 Ascoltate una prima volta il testo e controllate l'orario dei seguenti programmi. Indicate (✓) soltanto gli orari corretti. Attenzione: non è importante se non capite alcune parole!

15:30

16:00

17:00

20:40

2 Ascoltate il testo, una o due volte, e indicate (✓) solo le trasmissioni nominate.

			Sì	No
A.	14.00	Solletico	○	○
B.	15.00	Disneyworld	○	○
C.	15.30	Pubblicità	○	○
D.	16.00	Miss Italia	○	○
E.	17.00	Tg1	○	○
F.	18.00	Telefilm	○	○
G.	18.30	Quiz	○	○
H.	19.15	Il mondo in diretta	○	○
I.	20.00	Programmi vari	○	○
L.	21.20	Film	○	○
M.	23.30	In onda	○	○
N.	00.30	Film	○	○

3 Riascoltate, se necessario, il testo e verificate le vostre risposte.

Risposte giuste: ....../12

Curiosità italiane

1 *Ascoltate e mettete in ordine le foto nella stessa sequenza delle notizie (1, 2, ...). Attenzione: non è importante se non capite alcune parole!*

a. ☐

b. ☐

c. ☐

d. ☐

2 *Ascoltate le notizie, una o due volte, e indicate (✓) l'affermazione giusta fra le tre proposte. Attenzione: non è importante capire ogni parola.*

1. **Gli italiani**
   - ☐ **a.** sono molto soddisfatti della religione.
   - ☐ **b.** sono uno dei popoli più felici del mondo.
   - ☐ **c.** sono soddisfatti del lavoro e della famiglia.

2. **L'anno precedente ha segnato**
   - ☐ **a.** un forte calo delle vendite di pasta.
   - ☐ **b.** un aumento delle esportazioni di pasta italiana.
   - ☐ **c.** un aumento delle importazioni di pasta dall'estero.

3. **Il 30% degli italiani**
   - ☐ **a.** ha il cellulare.
   - ☐ **b.** non può vivere senza televisione.
   - ☐ **c.** ha più di una macchina.

4. **Per amore molte delle ragazze intervistate**
   - ☐ **a.** andrebbero via di casa.
   - ☐ **b.** cambierebbero lavoro.
   - ☐ **c.** si sposerebbero anche a 20 anni.

3 *Riascoltate i testi e verificate le vostre risposte.*

Risposte giuste: ...... /4

Indicazioni stradali

1 *Ascoltate i testi, una o due volte, e indicate (✓) se le seguenti frasi sono presenti o no. Attenzione: non è importante capire ogni parola!*

	Sì	No
A. È praticamente a due passi da qui.	○	○
B. La seconda strada che incontrerai è via Principe.	○	○
C. Lì dovresti vedere la piazza.	○	○
D. Ho detto la terza a sinistra e poi la prima a destra.	○	○
E. Ho detto la seconda a sinistra e poi la terza a destra.	○	○
F. Ti sei già perso.	○	○
G. Ti conviene prendere un autobus.	○	○
H. Vai dritto per milleduecento metri.	○	○
I. Va' dritto per altri duecento metri.	○	○
L. Ti consiglio, comunque, di chiedere anche più avanti.	○	○

2 *In coppia, ascoltate i testi e, partendo dai punti indicati (1-2), cercate di tracciare il percorso che devono fare i protagonisti dei due dialoghi.*

3 *Riascoltate, se necessario, i testi e verificate le vostre risposte.*

Risposte giuste: ...... /10

Messaggi pubblicitari (1)

1 Ascoltate una volta i testi e collegate le foto corrispondenti alla stessa pubblicità. Attenzione: non è importante se non capite alcune parole!

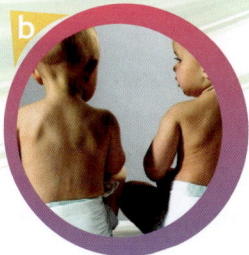

2 Ascoltate due volte i messaggi pubblicitari e indicate (✓) l'affermazione giusta fra le tre proposte. Non è importante se non capite tutto.

1. **È la pubblicità di**
   - ☐ **a.** un libro per ragazzi.
   - ☐ **b.** un giocattolo.
   - ☐ **c.** un programma televisivo per ragazzi.

2. **Galbanino è il nome di**
   - ☐ **a.** un formaggio.
   - ☐ **b.** un latte.
   - ☐ **c.** una nuova marca di fette biscottate.

3. **English master è**
   - ☐ **a.** una scuola d'inglese.
   - ☐ **b.** un programma multimediale.
   - ☐ **c.** un libro d'inglese.

3 Riascoltate i testi e verificate le vostre risposte.

Risposte giuste: ...... /3

Una ricetta

1 *Ascoltate una volta il testo e indicate (✓) quali ingredienti sono veramente presenti nella ricetta. Attenzione: non è importante se non capite alcune parole!*

a. ☐   tagliatelle

b. ☐   capperi

c. ☐   prezzemolo

d. ☐   aglio

e. ☐   olio

f. ☐   peperoni

g. ☐   parmigiano

h. ☐   ricotta

2 *Ascoltate il testo, una o due volte, e indicate (✓) se le seguenti
affermazioni sono presenti o no. Non è importante capire ogni parola!*

	Sì	No
A. Buttate 4,5 chili di pasta.	○	○
B. Mettete 8 cucchiaini di olio extra vergine di oliva.	○	○
C. Tagliate a pezzi l'aglio.	○	○
D. Mettete un pizzico di peperone.	○	○
E. Fateli rosolare a fuoco basso.	○	○
F. Aggiungete sale e pepe.	○	○
G. Scolate la pasta.	○	○
H. Spegnete il forno.	○	○
I. Versatevi sopra il condimento.	○	○
L. Mescolate bene.	○	○
M. Aggiungete il parmigiano.	○	○
N. Servite subito.	○	○

3 *Riascoltate, se necessario, il testo e
verificate le vostre risposte.*

Risposte giuste: ...... /12

Primo Ascolto

Messaggi telefonici (2)

1 *Ascoltate i messaggi una o due volte e indicate (✓) l'affermazione giusta fra le tre proposte. Attenzione: non è importante capire ogni parola!*

1. **La persona che chiama vuole sapere**
   - a. quanto costa la macchina.
   - b. di che colore è la macchina.
   - c. di che anno è la macchina.

2. **Marco vuole parlare con Dino**
   - a. di un importante favore.
   - b. di un numero telefonico.
   - c. ma non dice esattamente di che cosa.

3. **La donna che chiama vuole**
   - a. fissare un appuntamento.
   - b. chiedere se è arrivato il suo curriculum vitae.
   - c. incontrare il direttore.

4. **Tania vuole in prestito un vestito perché**
   - a. ha un importante incontro di lavoro.
   - b. ha un appuntamento.
   - c. non ha un vestito rosso.

2 *Ascoltate una volta i testi e cercate di completare le frasi con due o tre parole.*

1. Telefono per l'annuncio che avete messo ....

2. È da un mese che non ....

3. .... una collaborazione con Lei.

4. Mi potresti .... il tuo vestito nuovo?

3 *Riascoltate i testi e verificate le vostre risposte al primo esercizio.*

Risposte giuste: ..../4

Maleducati

1 *Ascoltate il testo, una o due volte, e indicate (✓) se le seguenti affer-mazioni sono presenti o no. Attenzione: non è importante capire ogni parola!*

	Sì	No
A. Suona il campanello dopo le dieci di sera.	○	○
B. Domanda l'età ad una signorina.	○	○
C. Tiene gli occhiali da sole in un luogo chiuso.	○	○
D. Concede il posto agli altri nelle code.	○	○
E. Non fa nessuno sforzo di abbassare la voce.	○	○
F. Mantiene la calma.	○	○
G. Accende la sigaretta davanti agli ospiti.	○	○
H. Ascolta la radio a tutto volume.	○	○
I. Comunica con loro solo parlando al cellulare.	○	○
L. Lo dice ad alta voce.	○	○
M. Si vede che è cosmopolita.	○	○
N. Si può sempre migliorare.	○	○

2 *Ascoltate di nuovo il testo e collegate le due colonne per formare le espressioni che sentite.*

suonare	acceso
perdere	il televisore
accendere	il campanello
tenere	la calma
parlare	l'età
domandare	la radio
ascoltare	ad alta voce
chiedere	il permesso

3 *Riascoltate il testo e verificate le vostre risposte al primo esercizio.*

Risposte giuste: ..../12

Una telefonata

1 *Ascoltate una volta il testo e completate le frasi o le espressioni con una, due o tre parole.*

1. .... di casa

2. Sei in giro ....

3. Ti leggo ....

4. .... un gran bene

2 *Ascoltate di nuovo il testo due volte e indicate (✓) se le seguenti frasi sono presenti o no. Attenzione: non è importante capire tutte le parole!*

		Sì	No
A.	Mi sembra di capire che sta abbastanza lontano.	○	○
B.	Sarà difficile riuscire a parlare con lui.	○	○
C.	Qualcuno mi ha dato il tuo numero.	○	○
D.	Io conduco un programma in televisione.	○	○
E.	Alle 23 e mezza.	○	○
F.	Molto lontano da Milano.	○	○
G.	A Milano respiriamo aria buona.	○	○
H.	Esattamente un anno fa ci siamo conosciuti.	○	○
I.	Una persona su cui so di poter contare.	○	○
L.	Perché non mi vuoi bene?	○	○
M.	Potremmo fare una bella famiglia noi tre.	○	○
N.	Vi siete conosciuti in chat?	○	○

3 *Riascoltate, se necessario, il testo e verificate le vostre risposte.*

Risposte giuste: ...... /12

Una prenotazione

1 *Ascoltate il testo due volte e indicate (✓) l'affermazione giusta fra le tre proposte. Attenzione: non è importante se non capite alcune parole!*

1. **L'uomo vuole prenotare un tavolo da**
   - **a.** due persone.
   - **b.** tre persone.
   - **c.** quattro persone.

2. **L'impiegata risponde che**
   - **a.** prima dovrebbe fare alcune telefonate.
   - **b.** l'uomo la dovrebbe richiamare il giorno dopo.
   - **c.** l'uomo dovrebbe parlare con il direttore.

3. **L'uomo vorrebbe avere una risposta**
   - **a.** dopo quindici minuti.
   - **b.** dopo un'ora.
   - **c.** la sera dopo.

4. **Quando l'uomo richiama, la ragazza lo informa che**
   - **a.** purtroppo non c'è un tavolo libero.
   - **b.** c'è un tavolo, ma per meno persone.
   - **c.** c'è il tavolo richiesto.

2 *Ascoltate di nuovo il testo e cercate di completare le frasi con due parole.*

1. Guardi, io per adesso .... non ce l'ho.
2. Al limite posso fare un giro ....
3. Ci posso provare, ma non dipende solo ....
4. D'accordo. .... più tardi, allora.
5. La ringrazio, è ....

3 *Riascoltate il testo e verificate le vostre risposte al primo esercizio.*

Risposte giuste: ...... /4

Appassionata di cinema

1 *Ascoltate una prima volta la telefonata e indicate negli spazi chi pronuncia ogni espressione: l'intervistatrice (I) o Costanza (C), la bambina? Attenzione: non è importante se ci sono alcune parole che non capite!*

1. Eh... sì. Mi piace molto. ......

4. Eh... magari. ......

2. Invece la favola più bella? ......

5. Non ho parole. ......

3. Te le facevi raccontare. ......

6. Mah... un paio di ore al giorno. ......

2 *Ascoltate di nuovo il dialogo, una o due volte, e indicate (✓) se le seguenti frasi sono presenti o no. Non è importante capire ogni parola!*

	Sì	No
A. Non mi piacciono molto le favole.	●	●
B. Al cinema vedo più il genere thriller.	●	●
C. Mi è piaciuto sempre molto *Peter Pan*.	●	●
D. Leggevi il libricino e la storia da sola?	●	●
E. Hai già vinto una magliettina.	●	●
F. Appartiene ad un attore inglese.	●	●
G. Non ho parole.	●	●
H. Una ragazza di dodici anni.	●	●
I. Io sono veramente molto appassionata.	●	●
L. Qualcosa riesco sempre a capire.	●	●
M. Cambio continuamente canale.	●	●
N. Non mi piacciono però i programmi di classifiche.	●	●

3 *Riascoltate, se necessario, il testo e verificate le vostre risposte.*

Risposte giuste: ...... /12

Messaggi pubblicitari (2)

1 *Ascoltate una volta i testi e indicate (✓) le frasi veramente presenti. Attenzione: non è importante capire tutto!*

☐ un primo speciale   ☐ ha molte amiche

☐ dove sei?   ☐ verdure verdi

☐ valori seri   ☐ vado pazzo

☐ preferisce chiacchierare   ☐ alla cacciatora

2 *Ascoltate i messaggi due volte e indicate (✓) l'affermazione giusta fra le tre proposte. Attenzione: non è importante capire tutte le parole!*

1. **La ragazza chiede i *Buonissimi***
   ☐ **a.** al libraio.
   ☐ **b.** all'edicolante.
   ☐ **c.** al fruttivendolo.

2. **La madre**
   ☐ **a.** dice che sua figlia passa molte ore al telefono.
   ☐ **b.** crede che sua figlia sia diversa.
   ☐ **c.** non ha un buon rapporto con sua figlia.

3. **Le insalate *Riomare* sono di**
   ☐ **a.** pesce e verdure.
   ☐ **b.** carne e verdure.
   ☐ **c.** riso e verdure.

4. **La moglie parla al marito**
   ☐ **a.** della cucina italiana.
   ☐ **b.** della cucina francese.
   ☐ **c.** di una cucina che vorrebbe comprare.

3 *Riascoltate i testi e verificate le vostre risposte.*

Risposte giuste: ...... /4

Smettere di fumare

1 *Ascoltate il testo due volte e indicate (✓) se le seguenti affermazioni sono presenti o no. Attenzione: non è importante capire tutto!*

	Sì	No
A. Smettere di fumare non è difficile.	○	○
B. Sei milioni d'italiani ci sono riusciti.	○	○
C. C'è questa dipendenza fisica dalla nicotina.	○	○
D. Chi fuma ha molti problemi psicologici.	○	○
E. C'è anche tutto un condizionamento psicologico.	○	○
F. L'industria del tabacco deve pagare.	○	○
G. La pubblicità cerca di indurre i giovani al fumo.	○	○
H. Finora quasi tutti i metodi sono falliti.	○	○
I. È importante smettere di fumare al primo tentativo.	○	○
L. Non bisogna scoraggiarsi davanti a un fallimento.	○	○
M. Bisogna ritrovare in se stessi la forza.	○	○
N. Ogni tanto bisogna riprovare a fumare.	○	○

2 *Ascoltate di nuovo il testo e completate le espressioni con le preposizioni mancanti.*

a. smettere .... fumare è difficile

b. la relazione del fumatore .... sigaretta

c. l'abitudine .... fumo

d. un effetto .... persone

e. .... primo tentativo

f. riprovare .... smettere

3 *Riascoltate il testo e verificate le vostre risposte al primo esercizio.*

Risposte giuste: ...... /12

Una mamma preoccupata

1 *Ascoltate il testo due volte e indicate (✓) l'affermazione giusta fra le tre proposte. Attenzione: non è importante capire tutte le parole!*

1. **La madre si preoccupa per**
   - ☐ **a.** suo figlio.
   - ☐ **b.** sua figlia.
   - ☐ **c.** suo figlio e sua figlia.

2. **La cartomante* vede subito che i due giovani**
   - ☐ **a.** non hanno nessun problema.
   - ☐ **b.** hanno molti problemi.
   - ☐ **c.** si sposeranno presto.

3. **Le previsioni sono per la madre**
   - ☐ **a.** più o meno quelle che aspettava.
   - ☐ **b.** una grande sorpresa.
   - ☐ **c.** un po' strane.

4. **Per la madre è positivo che questa storia**
   - ☐ **a.** va avanti senza problemi.
   - ☐ **b.** va avanti con alcuni problemi.
   - ☐ **c.** non ha futuro.

* *cartomante*: chi prevede il futuro leggendo le carte

2 *Ascoltate di nuovo il testo e cercate di completare le frasi con una o due parole.*

1. È Toro, 28 anni, e lei è ....
2. Perché come va, senz'altro ....
3. Come andrà fra loro due a ....
4. È lei che è ....?
5. Perché questa storia va a ....

3 *Riascoltate il testo e verificate le vostre risposte al primo esercizio.*

Risposte giuste: ...... /4

Primo Ascolto

Una cantante napoletana

1 *Ascoltate il testo due volte e indicate (✓) se le seguenti affermazioni sono presenti o no. Attenzione: non è importante capire tutte le parole!*

		Sì	No
A.	È il ritorno di una bellissima donna.	○	○
B.	Soprattutto di una mamma a tempo pieno.	○	○
C.	Aveva qualcosa di molto importante da fare.	○	○
D.	Ha una bellissima bambina di 2 anni.	○	○
E.	Ha lavorato sempre, anche in gravidanza.	○	○
F.	Per fortuna non è stata una gravidanza pesante.	○	○
G.	Hanno suonato in molti locali italiani.	○	○
H.	Per lei è molto importante cantare a "Viva Napoli".	○	○
I.	Hanno già fatto tournée sia prima della nascita che dopo.	○	○
L.	Continuerà a dedicare la sua vita anche alla musica.	○	○
M.	Senza musica non può stare.	○	○
N.	È appena uscito il suo nuovo cd.	○	○

2 *Ascoltate di nuovo il testo e rispondete alle seguenti domande con una o due parole.*

1. Come si chiama la cantante? ....
2. Quanti figli ha? ....
3. Come si chiamano? ....
4. In tournée, quale parte dell'Italia ha soprattutto visitato? ....

3 *Riascoltate il testo e verificate le vostre risposte al primo esercizio.*

Risposte giuste: ...... / 12

Messaggi pubblicitari (3)

1 *Ascoltate i testi due volte e indicate (✓) l'affermazione giusta fra le tre proposte. Attenzione: non è importante capire tutte le parole!*

1. **Il forno** *Delonghi*
   - **a.** può cucinare in due modi diversi.
   - **b.** ha un prezzo molto basso.
   - **c.** è molto piccolo.

2. **È la pubblicità di**
   - **a.** un negozio di mobili.
   - **b.** un'offerta promozionale natalizia.
   - **c.** un viaggio organizzato.

3. **Secondo la pubblicità, con** *Riomare*
   - **a.** non sai cosa scegliere.
   - **b.** puoi dimagrire.
   - **c.** puoi stare tranquillo.

4. *Universitalia* **è un centro per chi vuole**
   - **a.** trovare lavoro subito dopo la laurea.
   - **b.** superare gli esami di ammissione all'università.
   - **c.** laurearsi.

2 *Ascoltate una volta i messaggi e cercate di completare le frasi con le preposizioni mancanti.*

1. Con il forno elettrico tenterai .... superare anche mia madre.
2. Si pulisce .... un attimo.
3. Tante tante occasioni .... passare un Natale davvero speciale.
4. Quando arriva l'ora .... cena.
5. Vai .... sicuro.
6. Sostenere qualsiasi esame .... tempi giusti.
7. Lezioni individuali dalle 9 .... 21.
8. Pronti .... esame.

3 *Riascoltate i testi e verificate le vostre risposte al primo esercizio.*

Risposte giuste: ...... /4

Primo Ascolto

Alimentazione

1 *Ascoltate una prima volta il testo e indicate quando bisogna mangiare i seguenti cibi: a colazione (CO)? Come spuntino (S) o a merenda (M)? A pranzo o a cena (P/C)? Attenzione: non è importante capire ogni parola!*

a. ....
b. ....
c. ....
d. ....
e. ....
f. ....
g. ....

2 *Ascoltate il testo, una o due volte, e indicate (✓) se le seguenti affermazioni sono presenti o no. Attenzione: non è importante capire tutto!*

	Sì	No
A. Al mattino bisogna fare un'ottima colazione.	●	●
B. Biscotti preferibilmente al cioccolato.	●	●
C. A metà mattino uno spuntino a base di frutta.	●	●
D. La mattina è meglio evitare lo yogurt.	●	●
E. Il piatto migliore sarebbe carboidrati con legumi.	●	●
F. I legumi, però, non danno proteine.	●	●
G. Il grasso è dato dall'olio extra vergine d'oliva.	●	●
H. A merenda un altro frutto.	●	●
I. A mezzogiorno meglio saltare il pasto.	●	●
L. Delle proteine, quindi dei prodotti di origine animale.	●	●
M. Bisogna evitare a tutti i costi la carne.	●	●
N. La frutta bisogna mangiarla lontano dal pasto.	●	●

3 *Riascoltate, se necessario, il testo e verificate le vostre risposte.*

Risposte giuste: ...... /12

Una fan

1 *Ascoltate il testo due volte e indicate (✓) l'affermazione giusta fra le tre proposte. Attenzione: non è importante capire tutte le parole!*

1. **All'inizio Antonella**
   - [ ] **a.** vuole informazioni sul prossimo concerto del cantante.
   - [ ] **b.** chiede quando il cantante visiterà Foggia.
   - [ ] **c.** si complimenta con il cantante per un suo concerto.

2. **Poi dice che durante un concerto il cantante**
   - [ ] **a.** non l'ha guardata per niente, anche se era in prima fila.
   - [ ] **b.** la guardava continuamente, perché lei era in prima fila.
   - [ ] **c.** guardava una ragazza in prima fila.

3. **Il cantante risponde che**
   - [ ] **a.** non guarda mai verso il pubblico.
   - [ ] **b.** le ha mandato anche un bacio.
   - [ ] **c.** l'ha guardata.

4. **Alla fine Antonella parla di due cd del cantante che**
   - [ ] **a.** non riesce a trovare.
   - [ ] **b.** sono i suoi preferiti.
   - [ ] **c.** non le piacciono quanto tutti gli altri.

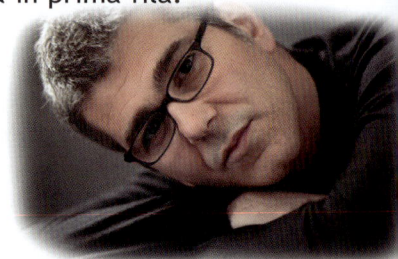

Michele Zarrillo

2 *Ascoltate una volta il testo e cercate di completare le frasi con due o tre parole. Attenzione: non è importante capire tutto!*

1. Il concerto che hai tenuto ad Apricena, ... di Foggia.

2. Come no! è stata una ....

3. Io ero in prima fila, davanti ....

4. È la tensione, la tensione che si ....

5. Comunque, io ero quella che ti ....!

3 *Riascoltate il testo e verificate le vostre risposte al primo esercizio.*

Risposte giuste: ...... /4

CHIAVI

PRIMA PARTE

Testo 1 - *Chi sei?*
1 scuola, Gianni, zio, ragazzo
2 **Sì**: B, C, F, G, L; **No**: A, D, E, H, I

Testo 2 - *Amici e parenti*
1 1. lunghi, 2. piccola, 3. azzurri, 4. ricci, 5. magra
2 1. a, 2. g, 3. f, 4. b, 5. c

Testo 3 - *Accettare/Rifiutare un invito*
1 a. 10, b. 1, c. 4, d. 8, e. 3, f. 6
2 **accetta**: 1, 3, 6, 7, 9; **rifiuta**: 2, 4, 5, 8, 10

Testo 4 - *Case e appartamenti*
1 grande (2), piano (2), garage (2), moderno (1)
2 1. b, 2. b, 3. b, 4. a, 5. b

Testo 5 - *Rispondere con certezza e non*
1 come no?!, può darsi, in vacanza, in macchina
2 **certezza**: 1, 2, 7, 8, 10; **dubbio**: 3, 4, 5, 6, 9

Testo 6 - *Brevi sorrisi*
1 1. soldi, 2. pittura, 3. regali, 4. pazienza, 5. piatto, 6. strumento, 7. motore
2 1. c, 2. i, 3. e, 4. d, 5. l, 6. h, 7. a

Testo 7 - *Cos'hai fatto?*
1 b, c, d, g, h
2 **Sì**: A, C, F, H, I; **No**: B, D, E, G, L

Testo 8 - *Messaggi pubblicitari (1)*
1 1. b, 2. d, 3. a, 4. c
2 1. a, 2. b, 3. b, 4. a

Testo 9 - *Quiz*
1 1.000, 2.000, 20.000, 100.000
2 1. c, 2. g, 3. l, 4. b, 5. a, 6. i

Testo 10 - *Hai capito o no?*
1 Va bene?, Hai capito?, Come hai detto?, È chiaro?, È vero o no? Dove sei?, Hai capito... no?
2 **ha capito**: 1, 5, 7, 10; **non ha capito**: 2, 3, 4, 6, 8, 9

Testo 11 - *Il tempo*
1 b
2 **Sì**: B, E, F, G, I; **No**: A, C, D, H, L

Testo 12 - *Notizie varie*
1 1. c, 2. d, 3. a, 4. e, 5. b
2 1. b, 2. a, 3. a, 4. b, 5. b

Testo 13 - *In treno*
1 Eurostar, Espresso, controllore, binario, ritardi

2 **Sì**: A, C, G, H, L; **No**: B, D, E, F, I

Testo 14 - *Al ristorante*
1 bistecca ai ferri, spaghetti al ragù, pizza ai peperoni, penne all'arrabbiata, spaghetti alle vongole, panna cotta
2 1. l, 2. b, 3. e, 4. c, 5. f, 6. h

Testo 15 - *Messaggi pubblicitari (2)*
1 1. c, 2. a, 3. b, 4. e, 5. d
2 1. a, 2. b, 3. b, 4. a, 5. a

Testo 16 - *Professioni*
1 a. Anna, b. Roberto, c. Salvatore, d. Elena, e. Sonia, f. Silvia
2 **Sì**: B, D, E, I; **No**: A, C, F, G, H, L

Testo 17 - *D'accordo?*
1 1. vestito, 2. film, 3. ragazza, 4. professione, 5. cd/album, 6. giocatore, 7. libro, 8. Stefano, 9. macchina, 10. film
2 **è d'accordo**: 1, 5, 7, 10; **non è d'accordo**: 2, 3, 4, 6, 8, 9

Testo 18 - *Strano, ma vero*
1 1. b, 2. e, 3. c, 4. d, 5. a
2 1. b, 2. a, 3. a, 4. b, 5. a

Testo 19 - *Fare la spesa*
1 macelleria, surgelati, marche, fruttivendolo
2 a. 3, b. 6, c. 5, h. 2, i. 1, l. 4

Testo 20 - *Contenti e non*
1 **è contento**: 3, 4, 5, 6, 10; **non è contento**: 1, 2, 7, 8, 9
2 1. all'università, 2. di seta, 3. si sposano, 4. cambiare macchina, 5. niente regalo, 6. nemmeno uno

SECONDA PARTE
Testo 21 - *Annunci*
1 1. rag-giun-gi-bi-le (a-va), 2. bi-na-rio (bra-na-vo), 3. al-lac-cia-re (le-ga), 4. neb-bia (va-do), 5. re-par-to (co-me)
2 1. b, 2. c 3. a, 4. b, 5. c

Testo 22 - *Abbigliamento*
1 d, e, f, g
2 **Sì**: C, E, H, L; **No**: A, B, D, F, G, I

Testo 23 - *Messaggi telefonici (1)*
1 1. la colpa, 2. perché mai, 3. avete messo, 4. della carrozzeria

2 1. b, 2. a, 3. a, 4. b

Testo 24 - *Programmi televisivi*
1 b, c
2 Sì: A, B, E, G, H, L, N; **No:** C, D, F, I, M

Testo 25 - *Curiosità italiane*
1 1. c, 2. b, 3. d, 4. a
2 1. a, 2. b, 3. c, 4. a

Testo 26 - *Indicazioni stradali*
1 Sì: A, C, D, G, I, L; **No:** B, E, F, H
2

Testo 27 - *Messaggi pubblicitari (1)*
1 1. b, 2. c, 3. a
2 1. b, 2. a, 3. b

Testo 28 - *Una ricetta*
1 c. (prezzemolo), d. (aglio), e. (olio)
2 Sì: B, E, G, I, L, N; **No:** A, C, D, F, H, M

Testo 29 - *Messaggi telefonici (2)*
1 1. c, 2. c, 3. a, 4. b
2 1. sul giornale, 2. ci sentiamo, 3. Saremmo interessati ad, 4. per caso prestare

Testo 30 - *Maleducati*
1 Sì: C, E, H, L, N; **No:** A, B, D, F, G, I, M
2 suonare il campanello, perdere la calma, accendere il televisore, tenere acceso, parlare ad alta voce, domandare l'età, ascoltare la radio, chiedere il permesso

Testo 31 - *Una telefonata*
1 1. numero, 2. vicino al mare, 3. subito il messaggio, 4. Ti voglio
2 Sì: A, C, F, I, M, N; **No:** B, D, E, G, H, L

Testo 32 - *Una prenotazione*
1 1. c, 2. a, 3. a, 4. c
2 1. il tavolo, 2. di telefonate, 3. da me, 4. ci sentiamo, 5. stata gentilissima

Testo 33 - *Appassionata di cinema*
1 1. C, 2. I, 3. I, 4. C, 5. I, 6. C

2 Sì: B, C, D, G, I, L; **No:** A, E, F, H, M, N

Testo 34 - *Messaggi pubblicitari (2)*
1 un primo speciale, valori seri, vado pazzo, alla cacciatora
2 1. b, 2. b, 3. a, 4. c

Testo 35 - *Smettere di fumare*
1 Sì: B, C, E, G, L, M; **No:** A, D, F, H, I, N
2 a. di, b. con la, c. al, d. sulle, e. al, f. a

Testo 36 - *Una mamma preoccupata*
1 1. a, 2. b, 3. a, 4. c
2 1. Sagittario, 2. lo sai, 3. livello sentimentale, 4. così gelosa, 5. interrompersi

Testo 37 - *Una cantante napoletana*
1 Sì: B, C, E, H, I, L, M, N; **No:** A, D, F, G
2 1. Irene Fargo, 2. Due figlie, 3. Eleonora ed Elisabetta, 4. Il Sud

Testo 38 - *Messaggi pubblicitari (3)*
1 1. a, 2. b, 3. c, 4. c
2 1. di, 2. in, 3. per, 4. di, 5. sul, 6. nei, 7. alle, 8. all'

Testo 39 - *Alimentazione*
1 a. CO, b. S - M - P/C, c. P/C, d. P/C, e. S, f. P/C, g. P/C
2 Sì: A, C, E, G, H, L; **No:** B, D, F, I, M, N

Testo 40 - *Una fan*
1 1. c, 2. a, 3. c, 4. a
2 1. in provincia, 2. serata meravigliosa, 3. al tuo microfono, 4. crea sul palco, 5. mandava i baci

Teoria, esercizi, test e materiale autentico per stranieri

Livello elementare-intermedio (A1-B2)

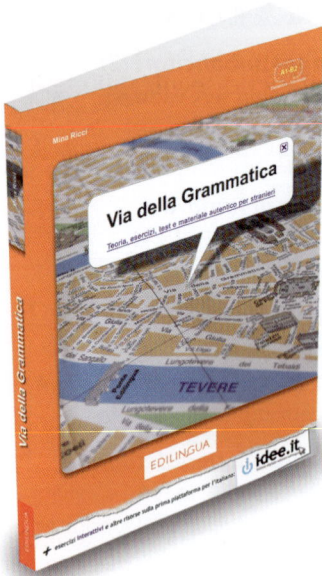

Via della Grammatica si compone di 40 unità e 8 test di revisione e di autovalutazione. Tutte le unità sono seguite da una sezione di attività, il lessico rispecchia l'uso dell'italiano corrente e la spiegazione delle regole grammaticali viene data in modo semplice ed efficace.

Il volume è interamente a colori e tanti testi autentici offrono agli studenti la possibilità di arricchire e approfondire il loro patrimonio di conoscenze sulla società, la storia e la civiltà italiana.

Via della Grammatica può essere adottato dall'insegnante in classe oppure può essere utilizzato dallo studente in piena autonomia.

Il volume, fornito di **chiavi**, utili in un percorso di autoapprendimento, è disponibile anche nella versione inglese (*Via della Grammatica for English speakers*).

Sul sito www.edilingua.it è possibile consultare e scaricare gratuitamente un ricco **glossario**, organizzato per unità, in lingua inglese, francese e spagnola.

Via della Grammatica **comprende un codice per svolgere le attività interattive sulla piattaforma didattica *i-d-e-e.it*. Inoltre, anche chi non ha il libro cartaceo, sul sito www.edilingua.it, può acquistare il codice per la versione interattiva.**

....

Attività, giochi, dizionario multilingue

Livello elementare-intermedio (A1-B1)

Via della Verbi 1 vuole essere un compendio e un aiuto pratico per tutti gli studenti stranieri. È suddiviso in quattro sezioni:

◆ dizionario pratico multilingue, che raccoglie i verbi più comuni e la traduzione in cinque lingue (inglese, francese, tedesco, spagnolo e portoghese);

◆ esercizi per livello;

◆ esercizi per lettera dell'alfabeto;

◆ specchietti grammaticali.

Grazie alle chiavi in appendice può essere usato anche in autoapprendimento.

Via dei Verbi 1 **comprende un codice per svolgere le attività interattive sulla piattaforma didattica *i-d-e-e.it*.**

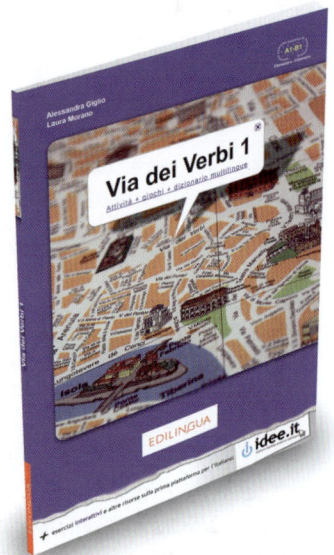

PRIMIRACCONTI
letture semplificate per stranieri

Primiracconti è una collana di racconti rivolta a studenti di ogni età e livello. Ogni storia è accompagnata da brevi note e da originali e simpatici disegni. Chiude il libro una sezione con esercizi e relative soluzioni. È disponibile anche la versione libro + CD audio che permette di ascoltare tutto il racconto e di svolgere delle brevi attività.

Traffico in centro

Traffico in centro (A1-A2) racconta la storia dell'amicizia tra Giorgio (uno studente universitario di Legge) e Mario (un noto e serio avvocato) nata in seguito ad un incidente stradale. Per Giorgio, Mario è l'immagine di quello che vuole diventare da "grande" e per Mario, al contrario, Giorgio è l'immagine del suo passato di ragazzo spensierato e allegro…

Mistero in Via dei Tulipani

Mistero in Via dei Tulipani (A1-A2), una storia coinvolgente, e non senza colpi di scena, che si sviluppa all'interno di un condominio. Tutto inizia con l'omicidio del signor Cassi, l'inquilino del secondo piano: due sedicenni, Giacomo e Simona, decidono di mettersi sulle tracce dell'assassino. Le indagini porteranno i ragazzi a scoprire non solo il colpevole, ma anche l'amore.

INDICE CD AUDIO